INSTRUCTION DU 7 MARS 1899

SUR L'ORGANISATION DES

BIBLIOTHÈQUES MILITAIRES

Édition mise à jour jusqu'au 10 novembre 1900.

PARIS

Henri CHARLES-LAVAUZELLE

Éditeur militaire

10, Rue Danton, Boulevard Saint-Germain, 118

(MÊME MAISON A LIMOGES)

INSTRUCTION DU 7 MARS 1899

SUR L'ORGANISATION DES

BIBLIOTHÈQUES MILITAIRES

Édition mise à jour jusqu'au 10 novembre 1900.

PARIS

HENRI CHARLES-LAVAUZELLE

Éditeur militaire

10, Rue Danton, Boulevard Saint-Germain, 118

(MÊME MAISON A LIMOGES)

INSTRUCTION DU 7 MARS 1899

SUR L'ORGANISATION DES

BIBLIOTHÈQUES MILITAIRES

Paris, le 7 mars 1899.

TITRE Ier.
DISPOSITIONS GÉNÉRALES.

ARTICLE Ier.
CLASSEMENT DES BIBLIOTHÈQUES.

Les bibliothèques militaires sont de deux catégories, savoir :

1º Les bibliothèques de gar-(des bibliothèques d'officiers,
nison, comprenant :   (des bibliothèques de troupe;

2º Les bibliothèques régimentaires.

Les bibliothèques de garnison sont constituées, ou supprimées, par ordre ministériel. Elles demeurent la propriété de l'Etat (1). Elles participent à des distributions d'ouvrages.

Les bibliothèques régimentaires sont fondées et cessent d'exister par l'initiative des officiers. Elles restent leur propriété privée. Elles ne reçoivent aucune allocation.

ARTICLE II.
AVANTAGES DES BIBLIOTHÈQUES DE GARNISON.

Les bibliothèques de garnison étant sédentaires et permanentes, peuvent être mieux installées et mieux pourvues que les bibliothèques régimentaires, qui ont à supporter les frais et les inconvénients du transport, en cas de changement de garnison.

Il y a donc tout intérêt à transformer ces dernières en bibliothèques de garnison.

---

(1) Subventions en argent rayées de cet alinéa, ayant été supprimées par la circulaire du 10 avril 1900.

ARTICLE III.

ADMINISTRATION DES BIBLIOTHÈQUES DE GARNISON ET DES CERCLES MILITAIRES.

Le service des bibliothèques de garnison est dans les attributions de l'etat-major de l'armée (section historique).

Les cercles ou lieux de réunion, qui sont souvent le complément des bibliothèques d'officiers, relèvent du cabinet du Ministre (Bureau de la Correspondance générale).

ARTICLE IV.

La présente instruction remplace et annule les instructions et circulaires suivantes :

1er juin 1872.	Instruction provisoire sur l'organisation des bibliothèques de garnison.
18 janvier 1875.	Instruction provisoire sur l'organisation des bibliothèques de troupe.
27 mars 1875.	Circulaire no 5371 au sujet des documents à joindre aux demandes de désignation de locaux pour les bibliothèques de troupe.
1er juillet 1879.	Circulaire relative aux bibliothèques militaires.
24 septembre 1884.	Au sujet des inventaires à fournir le 1er mars de chaque année par les bibliothèques de garnison.
15 décembre 1885.	Abrogation de la circulaire du 1er mars 1880 relative aux subventions accordées aux bibliothèques militaires.
5 janvier 1886.	Lettre collective no 12 relative à l'établissement et à l'envoi, les premiers jours de chaque semestre, du rapport prescrit par l'instruction du 1er juin 1872.

TITRE II.

BIBLIOTHÈQUES D'OFFICIERS.

ARTICLE Ier.

BUT DES BIBLIOTHÈQUES D'OFFICIERS.

Les bibliothèques d'officiers sont instituées pour servir de centres d'étude, aux officiers, assimilés et employés ayant rang d'officier d'une même garnison. Ceux en service actif sont membres de droit et d'obligation. Ceux de la réserve et de l'armée territoriale sont admis sur leur demande, et dans les conditions fixées par le règlement de la bibliothèque intéressée.

Ces bibliothèques ont pour but :

1o De mettre à la disposition des officiers une salle de lecture;

2o De leur faire des prêts de livres, ainsi qu'aux corps de troupe et détachements des garnisons voisines.

Les ouvrages des bibliothèques proviennent :

1o Des envois faits par le Ministère de la guerre;

2o Des achats effectués directement par chaque bibliothèque;

3o Des dons.

ARTICLE II.

COMMISSIONS DES BIBLIOTHÈQUES.

Chaque bibliothèque d'officiers fonctionne par les soins et sous la responsabilité d'une commission spéciale, sous la surveillance du commandement.

Cette commission comprend quatre officiers ou assimilés des diverses armes ou services de la garnison, désignés par le commandant d'armes, qui en est président. L'un des officiers remplit les fonctions de trésorier.

Le rôle de la commission consiste à assurer un fonctionnement matériel régulier, à exercer une surveillance d'ordre et d'administration, à se tenir au courant des désirs et des besoins des officiers, à combler les lacunes, à éviter les doubles emplois de livres; en un mot, à diriger l'alimentation de la bibliothèque dans le sens le plus utile.

Lorsqu'un cercle ou un lieu de réunion des officiers sera annexé à la bibliothèque, la même commission pourra gérer les deux établissements.

Les fonds mis à la disposition de la commission sont les suivants :

1º Subvention ministérielle;
2º Cotisation des officiers;
3º Dons et legs autorisés dans les formes ordinaires.

La subvention ministérielle est exclusivement réservée à la bibliothèque. La commission en dispose, sans avoir à fournir de pièces justificatives.

ARTICLE III.

LOCAUX ET AMEUBLEMENT.

Les locaux de la bibliothèque peuvent être choisis dans les bâtiments militaires, après autorisation du Ministre de la guerre, ou demandés aux administrations civiles et aux municipalités, ou enfin loués à des particuliers.

Lorsque la bibliothèque sera établie dans un bâtiment militaire, l'entretien de ce bâtiment, en ce qui concerne les grosses réparations seulement, restera à la charge du service du génie. Lorsque le local de la bibliothèque appartiendra à une administration civile ou à une municipalité, une convention règlera les conditions de l'occupation. Enfin, lorsqu'il sera loué, le bail passé avec le propriétaire devra être de longue durée.

Les locaux de la bibliothèque doivent être suffisamment spacieux et convenables, être situés dans une position centrale et, en général, en dehors des casernes.

Des étagères pour ranger les livres, des tables et des sièges, des moyens d'éclairage, en constitueront le mobilier.

Le chauffage et l'éclairage seront assurés par le service de l'intendance, dans les conditions fixées par le règlement sur le chauffage.

ARTICLE IV.

GARDE DES BIBLIOTHÈQUES.

La garde de la bibliothèque est confiée à un gradé en activité de service, présentant les garanties nécessaires.

Il est secondé par des soldats, secrétaire et planton, pour les écritures, la tenue des salles, la manipulation des livres.

Le gardien de la bibliothèque peut y être logé.

ARTICLE V.

COMMISSION CENTRALE DES BIBLIOTHÈQUES.

Une commission, nommée par le Ministre de la guerre, est chargée de choisir les ouvrages destinés aux bibliothèques de garnison.

Elle est composée ainsi qu'il suit :

Le chef de la section historique, président ;
Un officier de chacun des bureaux de l'état-major de l'armée ;
Un officier du service géographique de l'armée ;
Un délégué de la direction du contrôle ;
Un officier ou fonctionnaire de chacune des 1re, 2e, 3e, 4e, 5e et 7e directions ;
Un archiviste, secrétaire.

Cette commission se réunit sur la convocation du président, toutes les fois qu'il est nécessaire.

Les ouvrages dont l'achat a été décidé sont commandés aux libraires au moyen d'une feuille détachée d'un registre à souche modèle n° 3.

Ces feuilles de commande arrêtées sont mises à l'appui des factures.

Les envois des libraires sont reçus dans un magasin établi au ministère de la guerre, dans un local spécial.

ARTICLE VI.

EXPÉDITIONS DE LIVRES AUX BIBLIOTHÈQUES.

Lorsque le magasin est suffisamment pourvu de livres, il est fait des envois aux bibliothèques.

A cet effet, chacune d'elles reçoit d'abord un état modèle n° 6, indiquant les ouvrages disponibles. Le président de la commission raye ceux qui existeraient déjà à la bibliothèque et ajoute ceux qui ont été demandés par les officiers. L'état ainsi rectifié est renvoyé, sans lettre d'envoi, au ministère de la guerre (Etat-major de l'armée, Section historique), pour servir de base aux expéditions de livres, en évitant les doubles emplois.

Tout envoi est accompagné d'un bordereau modèle nº 5, qui, dès la réception des ouvrages, est signé, à titre de reçu, par le président de la commission et retourné au ministère de la guerre, comme il est indiqué ci-dessus.

Ce reçu est mis à l'appui du compte de gestion du magasin.

ARTICLE VII.
CATALOGUE ET REGISTRES.

Toute bibliothèque d'officiers doit être pourvue d'un registre à souche modèle nº 1, relatif à la reliure des livres, et d'un catalogue modèle nº 2, indiquant la date d'entrée de chaque ouvrage, sa provenance, son prix d'achat ou d'estimation. Ce catalogue sera divisé ainsi qu'il suit :

A). *Sciences, art et histoire militaires.*

B). *Marine.*

C). *Sciences mathématiques, physiques, naturelles, médicales.*

D). *Sciences historiques et géographiques.*

E). *Sciences philosophiques, législatives et politiques.*

F). *Sciences économiques, administratives, travaux publics.*

G). *Beaux-arts (revues littéraires), arts et métiers.*

H). *Littérature.*

I). *Cartes et plans.*

J). *Plans en reliefs.*

Selon l'importance de la bibliothèque, des subdivisions peuvent être constituées. Dans chaque division et subdivision, les ouvrages sont inscrits au fur et à mesure de leur entrée à la bibliothèque avec un numéro d'ordre.

Les ouvrages en langues étrangères seront classés dans la division et la subdivision à laquelle ils correspondent.

Dans les bibliothèques importantes, on peut encore, en vue de faciliter les recherches, établir un catalogue, par noms d'auteurs ou par sujets déterminés, sur des fiches mobiles en carton mince, (modèles nº 4), qui seront classées par ordre alphabétique, dans une boîte *ad hoc.*

ARTICLE VIII.
PRÊTS.

Les prêts sont de trois sortes :
1º Les prêts dans la salle de lecture ;
2º Les prêts au dehors aux officiers de la garnison ;

3º Les prêts aux corps ou détachements dans les garnisons voisines.

Les deux premiers prêts auront lieu conformément à un règlement affiché dans la bibliothèque et arrêté par la commission, d'après les règles suivantes :

1º Les encyclopédies, dictionnaires, atlas généraux, cartes, ne doivent jamais sortir de la bibliothèque;

2º Les ouvrages nouveaux ne sont prêtés qu'après avoir été déposés pendant un certain laps de temps à la bibliothèque;

3º Les revues ne sortent que lorsque le numéro suivant est arrivé;

4º La limite de temps pour le prêt est déterminée.

L'inscription des prêts au dehors est faite sur un registre spécial modèle nº 7.

Les prêts aux corps ou détachements voisins auront lieu seulement par lots de plusieurs ouvrages suivant une demande régulière. Ils pourront être périodiquement renouvelés.

Tout envoi sera accompagné d'une feuille detachée d'un registre à souche modèle nº 5.

Les transports des lots d'ouvrages se feront par les soins de l'administration militaire (transports de la guerre), à l'aller et au retour.

ARTICLE IX.

RAPPORT ANNUEL. PERTES ET DÉGRADATIONS.

Au 31 décembre de chaque année, chaque commission de bibliothèque établit un rapport, modèle nº 8. A ce rapport est joint un inventaire conforme au modèle nº 9 des ouvrages et du mobilier existant à la bibliothèque.

En cas de perte ou de degradation de volumes, la commission doit inviter l'officier ou le corps responsable à remplacer le livre perdu ou à en rembourser le prix. Dans ce dernier cas, elle se chargera directement du remplacement.

Les ouvrages mis hors de service par suite de détérioration ou d'usure, seront portés en sortie et un procès-verbal de perte sera joint à l'inventaire.

Le rapport et l'inventaire doivent parvenir au Ministre (état-major de l'armée, section historique) le 1er février au plus tard, afin de permettre l'établissement du compte de gestion.

ARTICLE X.

CRÉATION D'UNE BIBLIOTHÈQUE D'OFFICIERS.

Lorsqu'il y aura lieu de créer une bibliothèque d'officiers, le commandant d'armes constituera la commission, pour rechercher un local, et déterminer les frais de premier établissement.

Les résultats de cette étude seront mis à l'appui de la demande, ainsi qu'un projet de budget faisant ressortir, d'une part, les dépenses courantes, savoir : locations du local, abonnements aux ouvrages périodiques, frais d'entretien et de gestion, reliures et achats de livres, etc.; d'autre part, les recettes comprenant les cotisations des officiers et la subvention demandée.

La demande sera transmise, par la voie hierarchique, au commandant du corps d'armée, qui l'adressera, avec son avis, au Ministre (etat-major de l'armée, section historique). Celui-ci statue sur la demande, en fixant le taux de la subvention annuelle et en déterminant le premier fonds de livres à envoyer, s'il y a lieu.

Si le local proposé fait partie des bâtiments militaires, la demande devra être appuyée de l'avis de la commission de casernement.

TITRE III.

BIBLIOTHÈQUES DE TROUPE.

ARTICLE Ier.

BUT DES BIBLIOTHÈQUES DE TROUPE.

Les bibliothèques de troupe sont destinées à donner aux sous-officiers et soldats le moyen d'employer leurs heures de loisir, en développant leur instruction et en leur faisant contracter des habitudes d'etude et de travail.

Ces bibliothèques sont établies dans les casernements, les hôpitaux et les prisons, et demeurent la propriété de l'Etat.

Les corps de garde sont, en général, pourvus de petites bibliothèques, comprenant de trente à quarante volumes fournis par les corps de la garnison, placés dans une caisse fermant à clef et scellée au mur. Les commandants d'armes prescrivent les mesures propres à assurer le renouvellement, la conservation et l'entretien des ouvrages mis à la disposition des hommes de garde.

ARTICLE II.

LOCAUX. CHAUFFAGE ET ÉCLAIRAGE.

Les bibliothèques de troupe seront toujours installées dans les établissements militaires.

La désignation des locaux ne devra jamais restreindre le logement affecté à la troupe, ni entraîner l'Etat dans des dépenses spéciales de construction, d'aménagement ou d'entretien.

Le mobilier de la bibliothèque sera prélevé sur la dotation normale du corps ou de l'établissement.

Le chauffage et l'éclairage sont assurés au moyen des allocations fixées pour le service des écoles régimentaires par le règlement du 15 janvier 1890.

Les menues dépenses d'installation et d'entretien seront payées par la masse des écoles, à laquelle le décret du 27 novembre 1887 impose déjà l'obligation de l'entretien de la salle de lecture.

La comptabilité sera celle déterminée par le règlement du 14 janvier 1889 pour le matériel appartenant à l'Etat. Les bibliothèques d'établissement non pourvues d'une masse des écoles seront gérées comme le reste du matériel par le comptable de l'établissement.

ARTICLE III.

LIVRES, JOURNAUX ET PUBLICATIONS PÉRIODIQUES.

Les livres sont, en général, fournis par les Sociétés donatrices autorisées par le Ministre, savoir :

1º Œuvre des bibliothèques des sous-officiers et soldats ;
2º Société Franklin ;
3º Association des Dames françaises ;
4º Union des Femmes de France.

Sont admis dans les bibliothèques de troupe les ouvrages portés sur :

1º Les catalogues de ces sociétés ;
2º Le catalogue à consulter pour la formation des bibliothèques à l'usage de la troupe ;
3º Le catalogue général des ouvrages de lecture désignés au choix des instituteurs par le Ministre de l'instruction publique ;
4º Tous les livres nouveaux approuvés par les officiers généraux et par les chefs de corps, qui sont juges de l'opportunité de mettre tel ou tel ouvrage entre les mains de la troupe.

Les revues et publications périodiques, qui ne traitent ni de questions politiques, ni de questions sociales, peuvent être admises dans les bibliothèques de troupe.

Par mesure d'ordre et afin de régulariser les dons, toute demande de livres doit être adressée au Ministre (Etat-major de l'armée, Section historique) pour être transmise aux sociétés en mesure d'y satisfaire. Celles-ci, *par l'intermédiaire du ministère*, feront parvenir les livres aux établissemen's auxquels ils sont destinés.

ARTICLE IV.

CATALOGUE ET REGISTRE DE PRÊTS.

Chaque bibliothèque de troupe sera pourvue :

1º D'un catalogue ;
2º D'un registre de prêts.

Le catalogue, semblable à celui déterminé pour les bibliothèques d'officiers (modèle nº 2), sera établi sur les bases du *Catalogue à consulter pour la formation des bibliothèques à l'usage de la troupe*, plus ou moins simplifié, suivant le nombre des livres.

Ce catalogue type comprend 25 classes, savoir :
A. Abécédaires, lecture, écriture, etc. ; grammaire, étude de la langue française, dictionnaires.
B. Morale, religion, philosophie.
C. Histoire de France.
D. Histoire générale ancienne et moderne.
E. Mélanges historiques.
F. Biographies.
G. Atlas, cartes murales.
H. Géographie de la France.
I. Géographie générale.
J. Cosmographie et descriptions partielles et générales du globe.
K. Voyages.
L. Arithmétique.
M. Géométrie, algèbre.
N. Mathématiques appliquées, lever des plans, mécanique, architecture, dessin linéaire.
O. Physique et chimie.
P. Histoire naturelle, botanique, géologie.
Q. Sciences médicales, hygiène, art vétérinaire.
R. Statistique, commerce, agriculture, industrie, arts et métiers.
S. Lectures littéraires et morceaux choisis, romans scientifiques, romans divers anciens et modernes.
T. Classiques français.
U. Classiques étrangers anciens et modernes.
V. Langues étrangères, grammaires, dictionnaires, dialogues.
W. Encyclopédies.
X. Tableaux synoptiques, modèles, instruments.
Y. Sciences, art et histoire militaires.

Dans chacune des divisions choisies, les ouvrages auront une série de numéros.

Chaque volume portera sur le plat ou sur le dos de la couverture la lettre indicative de la classe à laquelle il appartient, son numéro d'admission au catalogue et le nom de la ville où il doit rester.

Tout volume trouvé en dehors de la bibliothèque de cette ville doit y être renvoyé.

Le registre de prêt est conforme à celui indiqué pour les bibliothèques d'officiers. (M^{le} n° 7.)

ARTICLE V.

RÈGLEMENT ET POLICE.

Il appartient au chef de corps ou d'établissement de prendre les mesures nécessaires pour assurer le bon fonctionnement de la bibliothèque.

La garde en sera confiée à un gradé ou à un soldat intelligent, qui délivrera les ouvrages demandés, inscrira les prêts faits aux sous-officiers et hommes de troupe et replacera les livres lorsqu'ils seront rendus, après avoir constaté leur état.

Les prêts auront une durée limitée.

En cas de changement de corps, la remise de la bibliothèque donnera lieu à un procès-verbal, dont copie sera adressée au Ministre de la guerre (Etat-major de l'armée, Section historique). Ce procès-verbal, tenant lieu d'inventaire, fera ressortir les déficits constatés, et relatera les causes qui les auront occasionnés.

ARTICLE VI.

CRÉATION D'UNE BIBLIOTHÈQUE DE TROUPE.

Lorsqu'un chef de corps ou d'établissement jugera à propos d'établir une bibliothèque de troupe, en étendant les locaux qui lui sont affectés par l'assiette du casernement, il adressera au commandant d'armes une demande, en indiquant :

1º Le nom de la caserne ou de l'établissement ;
2º La lettre du bâtiment ;
3º Le numéro des pièces où la bibliothèque doit être installée.

La commission de casernement examinera cette proposition et son rapport sera adressé avec la demande, par la voie hiérarchique, au commandant du corps d'armée, qui transmettra les pièces, avec son avis, au Ministre (Etat-major de l'armée, Section historique), en vue de provoquer la décision de principe et les envois de livres.

Si le chef de corps ou d'établissement juge possible d'établir une bibliothèque de troupe par simple prélèvement sur les locaux qui lui sont déjà affectés, il pourra le faire de sa propre autorité sous réserve des conditions édictées au deuxième alinéa de l'article 2 du titre III.

Paris, le 7 mars 1899.

Le Ministre de la guerre,
C. DE FREYCINET.

BIBLIOTHÈQUES
DE GARNISON.

Nº

RELIURE.

Modèle Nº 1.

M.   *, relieur à*   *, est invité à relier les livres désignés ci-après, qui devront être livrés le*

| Numéro d'ordre à l'inventaire. | Classification méthodique. | NOMBRE | | Type de reliure (1). | TITRES SOMMAIRES. | FORMATS. | PRIX de la reliure | | LIVRÉS. | OBSERVATIONS. |
		d'exemplaires.	Total de volumes.				par unité.	Totaux.		

(1) Se conformer, pour les types, aux devis arrêtés par la commission, d'accord avec le relieur.

A   , le   19 .

Le Président de la commission,

(La partie détachée de cette souche est remise au relieur et doit être rendue à l'appui des factures.)

BIBLIOTHEQUES
DE GARNISON.

Nº

RELIURE.

MODÈLE Nº 1.

M.   , relieur à   , est invité à relier les
livres désignés ci-après, qui devront être livrés le

| Numéro d'ordre à l'inventaire. | Classification méthodique. | NOMBRE | | Type de re- liure (1). | TITRES SOMMAIRES. | FORMATS. | PRIX de la reliure | | LIVRÉS (2). | OBSERVATIONS. |
		d'exemplaires.	Total de volumes.				par unité.	To- taux.		

(1) Se conformer, pour les types, aux devis arrêtés par la commission, d'accord avec le relieur.

(2) Lorsque le relieur rapportera les volumes, le Président de la commission le constatera par un visa.

A   , le   ·   19 .

Le Président de la commission,

(Cette partie détachée de la souche est remise au relieur et doit être rendue à l'appui des factures.)

MODÈLE Nº 2.

CATALOGUE MÉTHODIQUE.

NUMÉRO D'ORDRE.	ORIGINE et date d'entrée à la bibliothèque.	PRIX D'ACHAT ou d'estimation.		TITRE DE L'OUVRAGE. (Titre complet, traduction sommaire du titre, numéro de l'édition, lieu de la publication, nom de l'éditeur, millésime.)	NOM de L'AUTEUR.	FORMAT.	Nombre de volumes.	Nombre d'exemplaires.
		fr.	c.	**A. — *Science, art et histoire militaires.***				
1	Ministère 10 décembre 1896.	10	»	Dictionnaire de l'armée de terre ou recherches historiques sur l'art et les usages militaires des anciens et des modernes. — Seule édition, Paris, Corréard (librairie Dumaine), 1851.	Général Bardin.	i nº	4	1
2	Achat 2 janvier 1897.	3	»	Heerwesen und infanterie dienst der Kœniglich-prussichen armée. (L'armée prussienne et le service de l'infanterie). —11ᵉ édition, Berlin, Bath. 1869.	Von Witzleben	in-8º	1	1

Modèle Nº 3.

COMMANDE DE LIVRES.

M.   , *libraire à*
est invité à fournir les ouvrages dont les titres sont indiqués ci-après :

OUVRAGES A FOURNIR.			LIVRÉS.	NUMÉRO D'ORDRE à l'inventaire.	CLASSIFICATION MÉTHODIQUE.	OBSERVATIONS.
NOMBRE d'exemplaires.	RELIÉS.	TITRES.				

A .   , le   19 .

Le
président de la commission,

La partie détachée de cette souche est remise au libraire fournisseur et doit être rendue à l'appui des factures.

MODÈLE n° 3.

COMMANDE DE LIVRES.

M.   , *libraire à*

est invité à-fournir les ouvrages dont les titres sont indiqués ci-après :

OUVRAGES A FOURNIR.			PRIX PAR UNITÉS		PRIX	LIVRÉS·	OBSERVA-
NOMBRE d'exemplaires.	RELIÉS.	TITRES.	proposés.	arrêtés.	TOTAUX.		TIONS.

A   , le   19   .

Le
président de la commission,

Cette partie détachée de la souche est remise au libraire fournisseur et doit être rendue à l'appui des factures.

FICHE 1.

(PAR NOMS D'AUTEURS.)

BIBLIOTHÈQUES DE GARNISON.

Nom
de l'auteur.

Classification :

Titre
de l'ouvrage.

Traduction
sommaire du
titre.

Nombre de volumes.
Format :
N° de l'édition :
Lieu de la publication :
Nom de l'éditeur :
Millésime :
Prix :
Reliure :
Observations :

Modèle Nº 4.

FICHE 2.

(par sujets déterminés.)

Sujet : *Marine allemande.*

Revue des Deux-Mondes, 15 février 18 .
Revue contemporaine, 15 mars 18 .
Journal Offi. iel, 21 avril 18 .
　L'ouvrage le plus récent sur cette matière est de :
　Publié par

BIBLIOTHÈQUES
de
GARNISON.

N°

Modèle N° 5.

ENVOI DE LIVRES.

Adressé à

par

Numéro d'ordre à l'inventaire.	Classification méthodique.	TITRES.	NOMBRE de VOLUMES.	OBSERVATIONS.

A , le 19 .

Le Président de la commission,

La partie détachée de cette souche devra être renvoyée comme accusé de réception.

MODÈLE N° 5.

ENVOI DE LIVRES.

Adressé à

par

Numéro d'ordre à l'inventaire.	Classification méthodique.	TITRES.	NOMBRE de VOLUMES.	OBSERVATIONS.

A   , le   19   .

REÇU :   *Le Président de la commission,*

A   , le   19   .

Le Président de la commission,

NOTA. — Cette partie détachée de la souche devra être renvoyée comme accusé de réception.
Signer le présent reçu en indiquant *sa qualité* et renvoyer *sans lettre*, *dès* l'arrivée des ouvrages (titre II, art. 6 et 8), sous le couvert du Ministre (titre II, art. 6) ou du commandant d'armes de la garnison voisine (titre II, art. 8).

MODÈLE N° 6.

ÉTAT des ouvrages que la section historique se propose d'envoyer à la bibliothèque de

NUMÉRO D'ORDRE à l'inventaire.	TITRES.	NOMBRE de volumes.	OBSERVATIONS.

A   , le   19 .

Le
Président de la commission,

(Renvoyer cette feuille à la section historique après avoir rayé à l'encre rouge les ouvrages en double, et y avoir ajouté les ouvrages demandés par les officiers et non indiqués.)

BIBLIOTHÈQUES
de
GARNISON.

MODÈLE Nº 7.

REGISTRE DES PRETS.

CLASSIFICATION méthodique.	TITRES DES OUVRAGES.	NOMBRE DE VOLUMES.	DATE du PRÊT.	DÉSIGNATION des emprunteurs.	SIGNA-TURES.	RENDU	OBSER-VATIONS.

RAPPORT ANNUEL.

(Ce rapport est accompagné
de   pièces.)

MODÈLE N° 8.

Bibliothèque de

SITUATION.	Nombre d'ouvrages(1).	Décompte en volumes.	
Il existait au dernier jour de l'année...			(1) Y compris les cartes et atlas.
Augmentations. { Reçu du ministère......			(2) Joindre un procès-verbal.
tions. { Achats directs ou dons..			
Diminutions. } Ouvrages perdus ou détériorés (2)..........			
Il existe au 31 décembre.............			

PRÊTS.	Nombre de volumes.		
Nombre de volumes prêtés { à des corps ou détachements voisins........			(3) En dehors du local de la bibliothèque.
{ à des officiers de la garnison (3).............			
TOTAL.........			
Nombre de volumes rendus { par des corps ou détachements voisins........			
{ par des officiers de la garnison.............			
TOTAL.........			
RESTE au dehors........			

COMPTE RENDU DE LA GESTION FINANCIERE.	F.	C.	Décompte	OBSERVATIONS.
Recettes. { Subvention ministérielle				(4) Indemnités de chauffage et d'éclairage.
{ Cotisation des officiers..				Subventions des municipalités ou des départements.
{ Dons et legs. Recettes diverses (4)..........				Dons, legs, etc.
TOTAL.........				(5) Chauffage et éclairage. Entretien du mobilier, frais de correspondance, gratifications au personnel, etc.
Dépenses. { Location de la bibliothèque..................				
{ Abonnements aux journaux et revues périodiques...............				
{ Achats d'ouvrages......				
{ Reliure................				
{ Dépenses diverses (5)...				
TOTAL.........				
BALANCE.........				

A   , le   19   .

Le Président de la commission de la bibliothèque de

MODÈLE N° 9.

MINISTÈRE
DE LA GUERRE.

ÉTAT-MAJOR DE L'ARMÉE.

e CORPS D'ARMÉE

e DIVISION.

SECTION HISTORIQUE.

PLACE D :

SERVICE DES BIBLIOTHÈQUES DE GARNISON.

INVENTAIRE des ouvrages et du mobilier existant à la bibliothèque de   à l'époque du 31 décembre 19   .

Numéros de la nomenclature		DÉNOMINATION des MATIÈRES ET OBJETS.	UNITÉ RÉGLEMENTAIRE.	QUANTITÉS.	PRIX de L'UNITÉ.		MONTANT en valeur.	OBSERVATIONS.
sommaire.	détaillée.							
					fr.	c.		
IV	»	*Ouvrages des bibliothèques de garnison.*						
	1	Sciences. art et histoire militaires (volumes)........	Nombre		2	»		
	2	Marine (volumes).........	Id.		2	»		
	3	Sciences mathématiques, physiques, naturelles et médicales (volumes).....	Id.		2	»		
	4	Sciences historiques et géographiques (volumes)....	Id.		2	»		
	5	Sciences philosophiques, législatives et politiques (volumes)...................	Id.		2	»		
	6	Sciences économiques, administratives; travaux publics (volumes).........	Id.		2	»		
	7	Beaux-arts; arts et métiers (volumes)...............	Id.		2	»		
	8	Littérature (volumes)......	Id.		2	»		
	9	Cartes et plans.............	Id.		»	50		
	10	Plans en relief.............	Id.		20	»		
		TOTAL...................						

NUMÉROS de la nomenclature.	DÉNOMINATION des MATIÈRES ET OBJETS.	Unité réglementaire.	QUANTITÉS ET CLASSEMENT.				PRIX DE L'UNITÉ.			MONTANT EN VALEUR.	OBSERVATIONS.
			Neuf ou bon.	A réparer	hors de service	Total.	Neuf ou bon.	A réparer.	hors de service		
VII	*Objets mobiliers et objets d'un usage général.*										
	Totaux...... ...						...	...	...		

Récapitulation de la valeur.

Nº IV   Sommaire........
Nº VII   —   ....

Total........

A   le 31 décembre 19   .

Les Membres de la commission,

Vu :
Le Sous-intendant militaire,

(1) A chaque signature le grade doit être indiqué.

Paris et Limoges. — Imprimerie militaire, Henri CHARLES-LAVAUZELLE.

Librairie militaire Henri CHARLES-LAVAUZELLE
Paris et Limoges.

Organisation de l'armée :
1re Partie. *Organisation générale.* Division militaire du territoire. Places fortes, Défense des côtes. Etat-major général. Service d'état-major. Archivistes des bureaux d'état-major. (A jour au 15 février 1898.) 288 pages, broché, *franco*, 2 fr. 25; relié toile, *franco*.......................... 3 25

2e Partie. *Cadres et effectifs.* Dispositions générales. Troupes (armée active). Dispositions générales et dispositions particulières à chaque arme. Armée territoriale. Armée coloniale. (A jour au 1er mai 1900.) 372 pages, broché, *franco*, 2 fr. 50; relié toile, *franco*.................... 3 50

3e Partie. Administration de l'armée. Etablissements et services spéciaux destinés à assurer la défense du pays. Corps du contrôle de l'administration de l'armée. Etat-major particulier de l'artillerie. Etat-major particulier du génie. Service de l'intendance militaire. Service de santé. Service religieux. Vétérinaires militaires. Interprètes militaires. Recrutement et mobilisation. Affaires indigènes en Algérie et en Tunisie. Gendarmerie. Garde républicaine, etc. (A jour au 25 septembre 1898.) 376 pages, broché, *franco*, 3 francs; relié toile, *franco*.......................... 4 »

Personnel civil d'exploitation des établissements militaires. Dispositions relatives aux conditions du travail dans les marchés passés au nom de l'Etat. Edition à jour des textes en vigueur jusqu'au 19 mars 1900. 212 pages, broché *franco*, 1 fr. 75; relié toile, *franco*........... 2 50

Service des poudres et salpêtres, personnel et matériel (à jour au 15 mai 1898). 264 pages, *franco*, 2 fr. ; relié toile, *franco*............... 3 »

Lois, Décrets, Instructions et Circulaires sur le recrutement de l'armée (à jour au 1er janvier 1900). 573 pages, broché, *franco*, 4 fr. 50; relié toile, *franco*............ 5 50

Instruction du 13 mars 1894 sur l'aptitude physique au service militaire (à jour au 1er janvier 1900). 76 pages, broché, *franco*, 0 fr. 75; relié toile, *franco*.................... 1 25

1o Remonte générale à l'intérieur; 2o remonte des officiers (à jour au 1er novembre 1899). 240 pages, broché, *franco*, 1 fr. 90; relié toile, *franco*.................................. 2 90

Réquisitions (à jour au 1er août 1899). 96 pages, broché, *franco*, 0 fr. 75, relié toile, *franco*.................... 1 25

Instruction du 28 décembre 1895 sur l'administration des hommes des différentes catégories de réserve dans leurs foyers. — Troupe. 338 pages, broché, *franco*, 2 fr. 50; relié toile, *franco*............... 3 50

Officiers de réserve et officiers de l'armée territoriale et assimilés. Recrutement, répartition, administration, inspection, avancement, état des officiers, dispositions générales et dispositions spéciales à chaque arme ou service, avec annexe (officiers de réserve des troupes de la marine) et modèles. (Edition à jour des textes en vigueur jusqu'au 15 mars 1900.) — 310 pages, broché, *franco*, 2 fr. 50; relié toile *franco*...... 3 50

Sapeurs-pompiers de la ville de Paris. Masse individuelle, tarifs de solde, description des uniformes (à jour au 15 octobre 1896.) 92 pages, broché, *franco*, 0 fr. 75; relié toile, *franco*.................... 1 25

Instruction sur le service courant (à jour au 12 avril 1899). 552 pages, broché, *franco*, 3 fr. 50; relié toile, *franco*.................... 4 50

Décrets du 20 octobre 1892 portant règlement sur le service intérieur: Infanterie, Cavalerie, Artillerie et Train des équipages (à jour au 15 janvier 1897).
Texte. 756 pages, broché, *franco*, 5 fr.: relié toile, *franco*............ 6 50
Modèles. 124 pages, broché, *franco*, 1 fr.; relié toile, *franco*......... 1 75

Le catalogue général de la Librairie militaire est envoyé gratuitement à toute personne qui en fait la demande à l'éditeur Henri CHARLES-LAVAUZELLE.

2.